悦读树人

民国教材修身精粹

杨志渭 主编

序言

每个时代有每个时代的教育，但经典的教育属于永远的时代。

民国文风之下的国文教材内容博雅，文字清通，故事生动，内涵深邃，饱含修身之道，手写文字配以手绘插图，传达出一种教育态度，涌动着一份文化的浸润。民国教材修身精粹优中选优，精益求精，可谓篇篇经典，儿童视角鲜明，快乐韵味十足，事实依据丰满，可以弥补当下教材之不足。如第二十三课守信说：

『李生有地图，张生借阅之，约日曜送还，及期，张生如约送还李生。』

读罢，『言必信，行必果』之感油然而生，简约却不失深刻，浅显却饱含人情。恰如孟子所云：『离娄之明，公输子之巧，不以规矩，不能成方圆。』民国教材传达的规范意识，人文情怀，可以生民气，可以挽颓风，可以树立健康、向上的人生态度。民国教材修身精粹第四十三课勿贪多说：

『瓶中有果。儿伸手入瓶，取之满握。拳不能出。手痛心急，大哭。母曰：「汝勿贪多，则拳可出矣。」』

渴望拥有，是人之常情，但『贪』则上升到佛家讲的『三毒』，使人沉沦，引来祸患。勿贪多体现的是修身，是正道，也是『勿以善小而不为，勿以恶小而为之』的古训。今天的语文是国家课程中的一门学科，但语文教育的功能却不能局限于一门学科。因为语文的身影里有中国人文化精神的脉络，有中国人的教养与情怀，是培养公民观念、教化国民道德、传承中华文明的文化阵地、德育堡垒。

我们选编此书，是在朱自清、夏丏尊、叶圣陶、陈望道等民国教育界权威学者、思想巨人编写的国文教材之中汲取营养，培养学生仰望星空、脚踏实地的中国情怀。

民国教材修身精粹以『儿童化、简洁化、生活化』为原则，构成一道滋养学生心灵的秀丽风景。祝贺此书成为回归传统，探求生活真谛的语文教育大家庭中的一员，为『百年树人，立己达人』的树人教育锦上添花。

历史远去，文脉犹在，我们从人类文明的长河中，从民国老课本的智慧中，印证处处皆有教育的营养，我们期望『这般颜色做将来』的美好，选编此书飨于你我。

杨志渭　二〇一六年六月五日

目录

第一课

共和国教科书·新修身
商务印书馆
第三册　第一课　起居

起居

夜間早眠
日間早起

衛生

兄弟二人
勤習體操
身體日強

第三课

共和国教科书·新修身
商务印书馆
第三册　第三课　清洁

清潔

王兒好清潔
頭常沐
身常浴
衣服常洗

第四课

節飲食

渴則飲
飢則食
多飲多食
皆能傷身

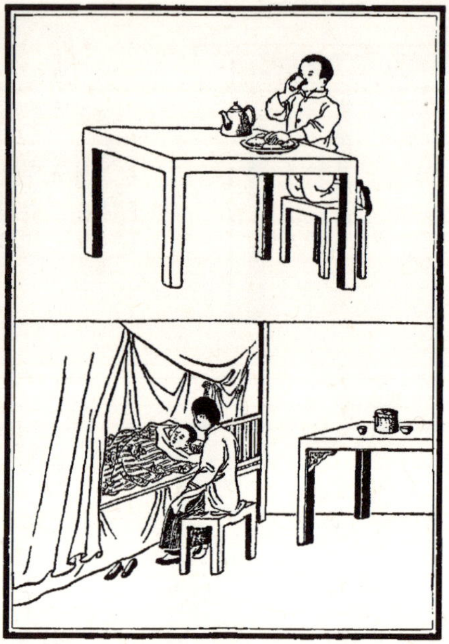

第五课

共和国教科书·新修身

商务印书馆

第三册 第六课 惜时

惜時

温課既畢
尚有餘時
兄習圖畫
妹學手工

共和国教科书·新修身
商务印书馆
第三册　第七课　好学

好學

李敬文
年六歲
時向其姊問字
漸通字義

第七课

共和国教科书·新修身
商务印书馆
第三册　第八课　贮蓄

貯蓄

左兒家貧
母與以錢
不肯妄用
貯之匣中
用以買書

第八课

共和国教科书·新修身
商务印书馆
第三册　第九课　爱亲

愛親

父往他鄉

女隨母　送於門外

請父早歸

第九课

共和国教科书·新修身
商务印书馆
第三册　第十课　事亲

事親

黄香九歲

事父至孝

夏則扇枕席

冬則以身温被

第十课

共和国教科书·新修身
商务印书馆
第三册　第十一课　友爱

友愛

放假回家
兄招妹
往庭中
同拍皮毬

第十一课

共和国教科书·新修身
商务印书馆
第三册　第十二课　睦邻

睦鄰

母在廚房
製糕已成
命兒捧糕
送往鄰家

第十二课

共和国教科书·新修身
商务印书馆
第三册　第十四课　礼貌

禮貌

門外客來
迎入室中
正立客前
對客行禮

第十三课

共和国教科书·新修身
商务印书馆
第三册 第十五课 去争

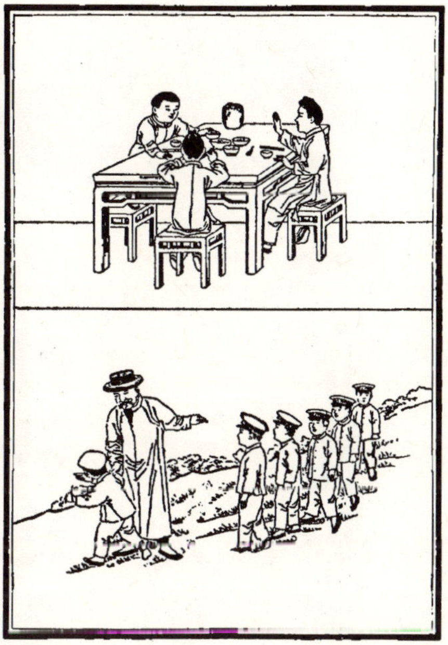

去爭

與人共飯
不可爭食
與人同行
不可爭先

第十四课

共和国教科书·新修身
商务印书馆
第三册　第十七课　爱同类

愛同類

一犬傷足
臥於地上
一犬見之
守其旁不去

第十五课

共和国教科书·新国文
商务印书馆
第二册 第二十四课 巷中有屋

巷中有屋

巷中有屋
四面短牆
向南開門
客堂在前
書齋在旁
臥室在後

第十六课

共和国教科书·新国文
商务印书馆
第三册 第十课 洒扫

灑埽

房屋之中。汙穢日積。不宜居人。故每日早起。必用帚掃地。掃時先以水灑之。則灰塵不揚。

第十七课

共和国教科书·新修身
商务印书馆
第四册 第一课 职业

職業

貓捕鼠 犬守門

各司其事

人無職業

不如貓犬

第十八课

共和国教科书·新修身
商务印书馆
第四册 第五课 戒惰

戒惰

龜與兔競走
兔行速 中道而眠
龜行遲 努力不息
及兔醒
則龜已先至矣

第十九课

共和国教科书·新修身
商务印书馆
第四册　第七课　卫生（一）

衛生㈠

室中宜常灑掃
以去塵垢
窗户宜常開
以通空氣
以透日光

第二十课

共和国教科书·新修身
商务印书馆
第四册　第八课　卫生（二）

衛生(二)

飯後即用心力
則胃中食物
不易消化
故必遊散片時

第二十一课

共和国教科书·新修身
商务印书馆
第四册　第九课　食礼

食禮

朱熹曰　凡飲食
舉匙必置箸
舉箸必置匙
食已
則置匙箸於案

第二十二课

禮讓

孔融四歲
與諸兄同食梨
融獨擇小者
父問故　融曰
兒年幼　當取小者

第二十三课

共和国教科书·新修身
商务印书馆
第四册 第十三课 守信

守信

李生有地圖 張生借閱之 約日曜送還 及期 張生如約送還李生

第二十四课

共和国教科书·新修身
商务印书馆
第四册　第十五课　投报

投報

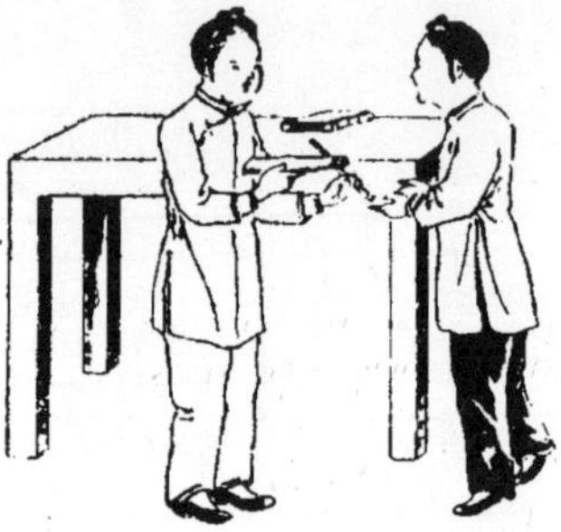

孫趙二女
同校讀書
孫女得新書
持贈趙女
趙女取紙筆報之

第二十五课

共和国教科书·新修身
商务印书馆
第四册　第十六课　不拾遗

不拾遗

王華行池畔見地有遺金華置金水邊守其旁待遺金者至指還之

第二十六课

新式修身教科书
中华书局
第三册　第二课　好问

好問

王生讀書
有疑義
必問師友

第二十七课

新式修身教科书
中华书局
第三册 第三课 专心

專心

王生温課
熟讀深思
目不旁視
心不妄想

第二十八课

新式修身教科书
中华书局
第三册　第十一课　整理（一）

整理（一）

朱子

黎明即起

灑掃庭除

几案必正

器用必整

第二十九课

新式修身教科书
中华书局
第三册　第十三课　行路之礼

行路之禮

行路須整步
與長者同行
必隨其後
遇長者於路
必趨前致敬

第三十课

新式修身教科书
中华书局
第三册　第十四课　食礼

食禮

食時
宜斂身近案
從容舉箸
毋亂撥蔬肴
毋咀嚼有聲

第三十一课

新式修身教科书
中华书局
第四册　第一课　自立

自立

小鳥居巢中
賴母哺食
及毛羽豐滿
皆出巢
自覓食物

第三十二课

新式修身教科书
中华书局
第四册　第六课　正直

正直

王兒售果索價不二有將壞者必減價售之人喜其正直多購之者

第三十三课

新式修身教科书
中华书局
第四册　第九课　友谊

友誼

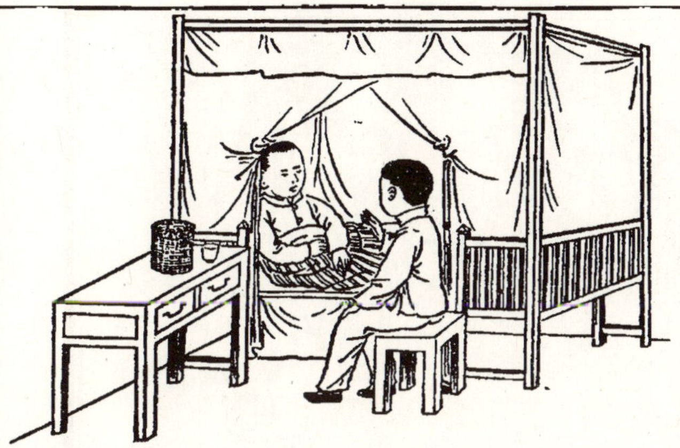

張陳二生
相與為友
張生有病
陳生甚念之
日往慰問
病愈乃已

第三十四课

新式修身教科书
中华书局
第四册　第十一课　不妄取

不妄取

許衡嘗行路　路旁有梨　人爭取啖之　衡語人曰　梨非吾有　不可取也

第三十五课

新式修身教科书
中华书局
第四册　第十三课　公德

公德

父攜兒遊公園

父告兒曰

此公共之地

園中各物

皆宜愛護之

第三十六课

新撰国文教科书
商务印书馆
第四册　第二课　好同学

好同學

好同學、如兄弟。
操場上、同遊戲。
年齡有大小；學級有高低。
但知相親愛、無分此與彼。

第三十七课

新撰国文教科书
商务印书馆
第四册　第一课　包书

包書

兄弟二人，同上學，各買新書一冊，兄用厚紙包書面，以防污損，弟不能包，兄代爲之。

第三十八课

共和国教科书·新国文
商务印书馆
第三册 第九课 指甲

指甲

手有五指。指端有甲。甲過長，則作事不便，又易藏垢，故宜常剪之。

第三十九课

新撰国文教科书
商务印书馆
第四册　第三课　李儿借书

李兒借書

李兒入校，忘帶書，向張兒借之。張兒曰：「我書爲第五冊，汝書爲第四冊。借去何用？」李兒還家取書，及返校，已上課多時矣。

新式修身教科书
中华书局
第五册　第九课　反己

反己

王守仁有一友、嘗易動氣責人。守仁戒之曰、學須反己。若徒責人、只見人不是、不見自己非、何益。惟能反己、方知自己有許多未盡處、奚暇責人。」

第四十一课

新式修身教科书
中华书局
第六册　第五课　宽恕

寬恕

韓琦得玉杯。甚愛之。一日宴客。特設一案。陳玉杯其上。一役誤觸之。玉杯墮地而碎。客皆驚愕。役惶恐請罪。琦神色不動。徐曰。「汝誤也。非故也。何罪之有。」

第四十二课

共和国教科书·新国文
商务印书馆
第四册　第二十一课　逐雀

逐雀

紅日將下、打麥已完。小雀一羣、紛集場上、覓食餘粒。數童子立門前、拍手噪逐之。雀聞人聲、散入林中。

第四十三课

共和国教科书·新国文
商务印书馆
第三册　第十四课　勿贪多

勿貪多

瓶中有果。兒伸手入瓶．取之滿握。拳不能出。手痛心急．大哭。母曰．「汝勿貪多．則拳可出矣。」

新撰国文教科书
商务印书馆
第四册　第十七课　共伞（一）

共傘(一)

早晨上學，天氣甚好，午飯時，忽遇大雨，不能回家。同學趙君謂我曰：「吾家與汝爲鄰，我有一傘，與汝共張之，送汝到家可也」

第四十五课

新撰国文教科书
商务印书馆
第四册　第十八课　共伞（二）

共傘（二）

隔數日，趙君上學，未帶傘。放學時，又遇大雨。我謂彼曰：「今日我有一傘，仍與君共張之。君意何如？」趙君曰：「善。」

第四十六课

新撰国文教科书
商务印书馆
第四册　第四十二课　体弱之丁儿

體弱之丁兒

丁兒問先生曰：「王兒之體何其強？我之體何其弱也？」先生曰：「汝晨起遲乎？夜眠晚乎？飲食貪多乎？」丁兒曰：「然。」先生曰：「如此，無怪汝體之弱也。」

第四十七课

新撰国文教科书
商务印书馆
第四册　第四十三课　怕读书之汪儿

怕讀書之汪兒

汪兒謂先生曰：「書中多生字，我不能識，故怕讀書；如無生字，我即不怕讀矣。」先生曰：「汝怕讀，則熟字亦變生字；如不怕讀，生字漸變熟字矣。」

第四十八课

新撰国文教科书
商务印书馆
第四册　第四十四课　污水与蚊

污水與蚊

門外溝中，有污水。父見之，謂我曰：「此中將產小蟲，名孑孓；至夏日，變爲蚊。如恐夏日多蚊，當及早去此污水。」

第四十九课

新撰国文教科书
商务印书馆
第四册　第四十六课　张儿食果

張兒食果

張兒喜食果；食之太多，忽患腹痛。母曰：「果宜少食，能助消化；多食，將患病。」俗語云：「少食滋味好，多食滋味少。」

師生之談話會（一）

散課後，師生開一談話會。先生曰：「各動物性情不一，汝等願學何物乎？」一學生曰：「我願學蝴蝶，美麗而善跳舞。」一學生曰：「我願學黃鶯，快樂而善唱歌。」先生含笑不語。

第五十一课

新撰国文教科书
商务印书馆
第四册　第三十六课　师生之谈话会（二）

師生之談話會（二）

最後一學生曰：「我願學蝴蝶，願學黃鶯，復願學蜜蜂。有時跳舞，有時唱歌，有時作工。」先生曰：「善。汝言良佳。」

第五十二课

共和国教科书·新国文
商务印书馆
第四册 第八课 陪客

陪客

鈕兒在家。有客訪其父。父適他往。兒邀客入。請客上坐。己在下位陪之。客有問。則謹答之。客去。兒送至門外。及父歸。以客所言。告之於父。

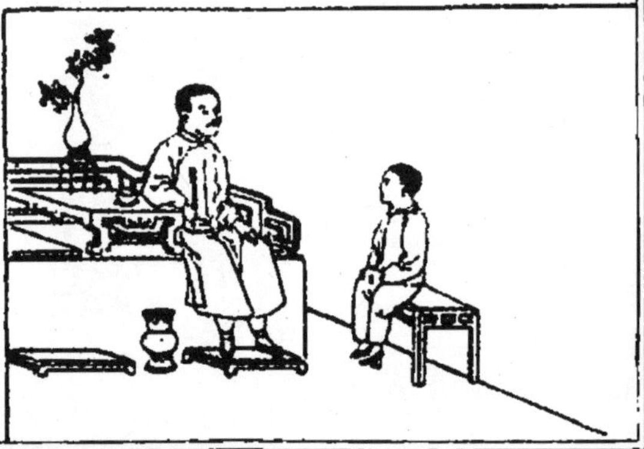

第五十三课

共和国教科书·新修身
商务印书馆
第五册　第一课　自省

自省

范仲淹夜寝時。必省日間之事。所為善。則熟寐。不善。則終夜不能安眠。必求所以改之者。

共和国教科书·新国文
商务印书馆
第三册　第五课　文彦博

文彥博

文彥博少時、與羣兒擊毬。毬忽躍入樹穴。羣兒謀取之、穴深、不能得。彥博以盆取水、灌入穴中。毬遂浮出。

第五十五课

共和国教科书·新国文
商务印书馆
第三册 第二十六课 张元

張元

張元南鄰，有二杏樹。杏熟，多墜元園中。羣兒欲取食之，元獨不可。羣兒問其故。元曰，「是鄰家之果，非我所宜取也。」乃與羣兒收果，送還鄰家。

求己

呂坤曰「射之不中也。弓無罪。矢無罪。鵠無罪。書之弗工也。筆無罪。墨無罪。紙無罪」。故君子求諸己。理有未達。事有未就。則益用其心力而已。

第五十七课

共和国教科书·新修身
商务印书馆
第五册 第三课 惜时

惜時

法人達葛沙。每日至餐室。攜紙筆自隨。如食具未陳。輒以其暇時。記錄所見。如此十年。積成巨帙。

整理

屠羲時曰。「書籍筆硯等物。宜置於定所。其當讀之書。當用之物。隨時從容取出。不可信手翻亂。讀用既畢。復置原所。」

第五十九课

共和国教科书·新修身
商务印书馆
第五册 第十课 家庭

家庭

父母子女，同處家庭。或出就職業，或在家操作，或入校讀書。及其暇時，則一室歡敘。誠家庭中樂事也。

節儉

用財之道。惟節儉可以持久。故無事之時。切勿妄用一文。宜留有餘。以備意外之需。若隨手用盡。則貧窮立至。語云。「由儉入奢易。由奢入儉難。」可不慎乎。

第六十一课

共和国教科书·新修身
商务印书馆
第五册　第九课　运动

運動

華陀謂吳普曰。「人體常勞動。則食物易消。血脈流通。戶樞不蠹。流水不腐。常動故也。」普從其言。身體日強。年至九十餘。

第六十二课

共和国教科书·新修身
商务印书馆
第五册 第十三课 公德

公德

陳了翁日與家人會食。食已、必舉一語、令家人答。一日、問曰、「並坐不橫肱、何也。」其孫女方七歲。答曰、「恐妨同坐者。」

第六十三课

共和国教科书·新国文
商务印书馆
第四册　第四课　贪食之蝇

貪食之蠅

瓷缸貯蜜。羣蠅咸集。一蠅貪食不已。足爲蜜膠。不能脫。羣蠅見之。皆飛去。貪食之蠅。遂死蜜中。

第六十四课

共和国教科书·新修身
商务印书馆
第五册　第十八课　让功

讓功

馮異偕諸將出征。每戰必身先士卒。及還。論功行賞。諸將爭功不已。異退立大樹下。默無一言。時人稱為大樹將軍。

第六十五课

新式修身教科书
中华书局
第六册　第六课　正直

正直

林肯。美國大總統也。初嘗為某店經理。一日。有婦人購物。給價而去。至夜。林肯核帳。知多取婦銀。明日。遠趨婦家。如數還之。

共和国教科书·新修身
商务印书馆
第六册　第一课　技能

技能

欲謀生計。必有職業。欲圖職業。必有技能。家擁巨資。而水。火。盜。賊。或出不虞。向人假貸。而有無多少。一聽人便。惟有技能。可以隨時擇業。故無凍餒之憂。

第六十七课

共和国教科书·新修身
商务印书馆
第六册　第四课　责己

責己

見人之過易。見己之過難。故責人常明。責己常暗。倘能忠恕待人。而以規矩自飭。則過惡自少。孔子曰。「躬自厚而薄責於人」此免過之良法也。

第六十八课

新式修身教科书
中华书局
第六册　第一课　睦邻

睦鄰

社會之中，最切近者，莫如鄰里。一旦有緩急，每需助於鄰里。孟子曰，「出入相友，守望相助，疾病相扶持，則百姓親睦。」吾人之處鄰里，亦必如是，以求親睦。

第六十九课

新式修身教科书
中华书局
第六册　第二课　交友

交友

獨學而無友、則孤陋而寡聞。故人不可無友。孔子曰、『益者三友。損者三友。友直、友諒、友多聞、益矣。友便辟、友善柔、友便佞、損矣。』故交友不可不慎。

第七十课

新式修身教科书
中华书局
第六册　第三课　友谊

友誼

與朋友交．尤必過失相規．緩急相濟．各盡友誼。孔子論朋友之道曰．『忠告而善道之．不可則止。』又曰．『朋友之饋．雖車馬．非祭肉．不拜。』吾人當知友誼之所在矣。

第七十一课

新式修身教科书
中华书局
第六册　第四课　守信

守信

卓恕與諸葛恪為友。其家相去千里。恕嘗與恪。約期相敘。及期。恪設宴邀客以待。客曰。「道途相遠。恐阻風雨。不能如期。」語甫畢而恕至。一座皆驚。

第七十二课

共和国教科书·新修身
商务印书馆
第六册　第五课　不妄取

不妄取

劉思善。性誠慤。鄰人何姓家。夜失火。以銀一囊約五百餘金。擲過牆内。思善爲收而藏之。鄰人因火災昏惘。竟忘其物。次日。思善以原物還之。鄰人驚喜交集。願以半爲酬。思善不受。

第七十三课

共和国教科书·新修身
商务印书馆
第六册　第六课　择友

擇友

墨子見染絲者。歎曰。「染於蒼則蒼。染於黃則黃。所入者變。其色亦變。五入而已變五色矣。故染不可不慎也。非獨染絲然也。士亦有染。為榮為辱。在視其所友而已。」

第七十四课

共和国教科书·新修身
商务印书馆
第六册 第八课 睦邻

睦鄰

趙逢龍居家講學。從遊者皆鉅公名士。丞相葉夢鼎、史判慶元。修弟子禮。以師門卑陋。欲市其鄰居充拓之。逢龍曰「鄰里相安已久。一旦驚擾。彼雖勉從。我能無愧於心乎」。

第七十五课

共和国教科书·新修身
商务印书馆
第六册　第九课　隐恶

隱惡

程皓性周愼。不談人短。每聞人有所訾議。未嘗應和。俟其言畢。徐與之辨曰。「此皆衆人妄傳。其實不爾。」更說其人諸事之美以稱之。

共和国教科书·新修身
商务印书馆
第六册　第十四课　合群

合羣

吐谷渾阿豺將死。令其二十子。各奉一箭。令弟慕利延。取一箭折之。既折。又命取十九箭折之。慕利延不能折。阿豺曰。「汝曹知否。單者易折。衆則難摧。戮力一心。然後國家可固。」

第七十七课

共和国教科书·新修身
商务印书馆
第六册 第十八课 爱同胞

愛同胞

兄弟姊妹、謂之同胞、人人知相愛也。無兄弟姊妹、不能成一家。無多數人民、不能成一國。故同為一國之人民、亦稱為同胞、愛之當與兄弟姊妹等。

自重

人能自重。則人亦重之。不能自重。則人亦輕之。自重者。非驕傲之謂也。慎言語。端品行。好學問。勤職業。皆為自重之道。至於待人接物。尤應躬自檢束。勿取厭侮於人。

第七十九课

共和国教科书·新修身
商务印书馆
第七册　第二课　改过

改過

甄琛少敏悟。舉秀才。入都逾歲。頗以弈棋棄日。至乃通夜不止。從者諫曰。「郎君辭父母遠遊。當益以學問自勵。今圍棋不息。豈是向京之意。」琛悵然慙感。遂從許赤彪假書研讀。聞見日優。著書頗行於世。

第八十课

共和国教科书·新修身
商务印书馆
第七册 第六课 恒心

恒心

作事求學。貴有恆心。若厭故喜新。或畏難中輟。必無成就之望。古來建大功。立大名者。非必有過人之才。趨向既定。持之以恆。即有艱難。未嘗縮恧。故能卒底於成也。不觀夫屋漏乎。其為力雖弱。而滴瀝不已。階石為穿。有恆心者。亦如是而已。

第八十一课

共和国教科书·新修身
商务印书馆
第七册 第十课 谦虚

謙虛

學問·事業·本無止境。稍有所得·即自滿足·不獨器量淺隘·亦自絕之道也。蓋自以為足·則無更求進步之心。而驕傲凌人·又足拒諫飾非·人孰願以正言相告者。譬諸水·溝瀆既盈·何能容江·海之量乎。

慎言

言出於口。入於人耳。善則人皆信之。不善則人皆違之。故言不可不慎也。出言失真曰妄。過譽曰夸。無忌憚曰肆。招尤取侮。皆由於此。欲救其弊。在能存誠敬之心。守謙抑之度而已。

共和国教科书·新修身
商务印书馆
第七册　第十二课　戒吸烟

戒吸煙

煙含毒質。能傷腦。又阻礙身體發育。故善養生者。必戒吸煙。

煙類之中。鴉片為害。人皆知之。其害與鴉片相等。而人多忽之者。則為紙煙。

年幼之人。腦力未充。體質未固。欲得健全之腦力。康強之身體。則尤不可吸煙也。

戒飲酒

人好飲酒。為取樂也。然飲酒過多。輒成疾病。且不可救療。蓋酒中有醇。能傷腦。能耗血。彼嗜酒者。不啻飲毒自戕也。

且酒性甚烈。既醉之後。使人言動失常。縱欲敗度。西哲有言。「酒之溺人甚於海。」可不戒乎。

第八十五课

共和国教科书·新修身
商务印书馆
第七册　第十八课　报德

報德

淮陰人韓信．少時家貧．無以為生。乃釣於城下。有一漂母哀之．飯信數十日。信謂漂母曰．「吾必重報母．」母曰．「吾哀王孫而進食．豈望報乎。」後數年．信從漢高祖成帝業．封楚王。召所從食漂母．酬千金以報之。

第八十六课

共和国教科书·新修身
商务印书馆
第八册　第三课　慈幼

慈幼

人各有幼稚之時。我之幼也，衣、食、行動，以常受人扶助，漸得自立。今見他人之幼稚，豈忍淡漠置之乎。聞其啼哭，則撫慰之。見其傾跌，則扶持之。知其失誤，則匡正之。憫其疾痛，則調護之。皆年長者之責也。

第八十七课

共和国教科书·新修身
商务印书馆
第八册　第七课　守法律

守法律

一國之中。人類不齊。欲彼此相安。必有恃乎法律。法律者。所以定國民之分。如其舉動違法。或侵損箇人權利。或擾害公衆治安。則國家按律懲之。良善者安其生業。強暴者遏其邪心。皆法律之效也。吾人既受法律之益。故有守法律之義務。

第八十八课

共和国教科书·新修身
商务印书馆
第八册 第九课 纳税

納稅

人民受國家保護，安居樂業，故對於國家，有納稅之義務。國家設官分職，爲民理事。養兵備械，爲民禦侮。其費用皆出於是。文明國人，視國事如己事，輸納國稅，惟恐後時。故國用無不足，國事亦無不舉也。

第八十九课

共和国教科书·新修身
商务印书馆
第八册　第十三课　博爱

博愛

鹿相呼以食。魚相濡以沫。愛其類也。凡生物俱愛其類。故人亦愛其類。父。母。兄。弟。夫。婦。推及戚。族。朋友。其相愛之情。俱出於自然。至於衆人。較疏遠矣。然既為人類。則休戚利害。不容漠視也。我既飽煖。當念及人之飢寒。我既安樂。當念及人之困阸。既念之。必有以救助之。時存此心。時行此事。是之謂博愛。

第九十课

共和国教科书·新修身
商务印书馆
第八册　第十五课　爱国

愛國

一國之中。人民聚處。既愛身家。宜先愛國。燕雀居巢。子母相哺。自以為安。一旦竈突炎上。焚棟毀屋。則覆亡立至。人民託命於一國。猶燕雀託命於一室。未有國已危亡。而身家無恙者。故人民皆當愛國。勉學問。勤職業。守法而奉令。先公而後私。此愛國之道也。

第九十一课

新式修身教科书
中华书局
第七册　第六课　戒嗜好

戒嗜好

人之所以立身。有三寶焉。曰時。曰力。曰財。若溺於嗜好。則廢時耗力費財。三寶失而身莫由立。其害不可勝言。煙酒二者。為傷身亂性之物。賭博尤足以破家蕩產。吾黨少年。皆宜懸為厲禁也。

第九十二课

新式修身教科书
中华书局
第七册 第七课 诚实

誠實

華盛頓幼時。以斧斷櫻樹。父歸見之。怒曰。「櫻樹吾所愛。誰斷之者。」家人不敢言。華盛頓自思曰。「予雖觸父之怒。不可不為真實語。」乃自承曰。「斷櫻樹者。兒也。」父息怒。嘉之曰。「汝能不欺。吾何怒為。」

第九十三课

新式修身教科书
中华书局
第七册　第八课　谦让

謙讓

華盛頓苦戰八年。擊敗英兵。美國獨立。厥功甚偉。一日。公民會議。華盛頓蒞會。議長見之。盛讚其功。華盛頓面赤耳熱。不發一言。議長曰。「君之謙讓。彷彿君之武功。勝我言語之力多矣。」

第九十四课

新式修身教科书
中华书局
第七册　第十二课　自立

自立

魯濱孫。英國人也。少時。志在遊歷。航海遭難。飄流至一荒島。中無居人。魯濱孫獨居此島。其居室飲食衣服。皆自謀而自備之。竟無缺乏。歷二十八年。始遇救而歸。其自立之性。非境遇所能困也。

第九十五课

新式修身教科书
中华书局
第七册　第十三课　公益

公益

宋陳堯叟爲廣西轉運使。時嶺南風俗。病者禱神。不服藥。堯叟有習驗方。刻石以示人。又以天氣溽暑。爲植樹鑿井。每二三十里。置亭舍。具飲器。往來行人。得免暍死。

慈善

來廷華兒生性慈善。幼時，見貧人有疾，必往慰問。一日，與一老翁，同過牧場，見一犬傷足，心甚憐之，問老翁以醫治之法。翁曰：「以温水洗其創口，裹以綳帶，傷可速愈。」女士遂親為醫治，經數次，其傷遂愈。

第九十七课

新式修身教科书
中华书局
第七册　第十五课　博爱

博愛

女士三十四歲時。英法與俄戰於克里米亞。時當盛夏。疫氣流行。兵士傷病者甚多。以遠隔本國。醫士看護婦甚少。女士聞之。率同志婦女三十四人。渡海趨戰地。盡力看護。積勞成病。猶不肯歸。病愈。仍盡職不懈。其後各國感其善行。創設紅十字會。於是博愛事業。日益推廣矣。

第九十八课

新式修身教科书
中华书局
第八册 第一课 公德

公德

國家愈文明。則其人民之公德心。必愈發達。試遊歐美各國。經其街道。見行人左右有序。側巷僻路。亦無傾瀉穢物。乘舟車。坐者不占兼位。至下時。無爭先恐後之弊。進觀公共遊觀之地。則陳設物品。無人觸動。園中花木。雖小兒女未嘗攀折。其公德之完善。誠吾人所當取法也。

第九十九课

新式修身教科书
中华书局
第八册　第三课　守法律

守法律

國家本天理民意。設立規制。以保治安。是曰法律。法律既定。全國之人。皆當守之。不可犯也。

國家若無法律。則強陵弱。衆暴寡。人人皆將自危。蓋法律之為物。一方約束國民。使其循分。一方保護國民。使其安寧。吾人欲得法律之保護。必先受法律之約束。

納租稅

國家為人民謀樂利。其費用自應取給於人民。故人民有納稅之義務。

供全國之用者。曰國稅。供一地方之用者。曰地方稅。人民納稅踴躍。斯財用充足。要政畢舉。而國勢可期日進。今世界強盛之國。其人民納稅之額。皆甚多也。

规范字与繁体字、异体字对照表

第一课 間—间

第二课 衛—卫 習—习 體—体 強—强

第三课 潔—洁 兒—儿 頭—头

第四课 節—节 飲—饮 飢—饥 傷—伤

第五课 時—时 課—课 畢—毕 餘—余 習—习 圖—图 畫—画 學—学

第六课 學—学 歲—岁 時—时 問—问 漸—渐 義—义

第七课 貯—贮 兒—儿 貧—贫 與—与 錢—钱 買—买 書—书

第八课 愛—爱 親—亲 鄉—乡 隨—随 於—于 門—门 請—请 歸—归

第九课 親—亲 歲—岁 則—则

第十课 愛—爱 毬—球

第十一课 鄰—邻 廚—厨 製—制 兒—儿

第十二课 禮—礼 門—门 來—来 對—对

第十三课 爭—争 與—与 飯—饭

第十四课 愛—爱 類—类 傷—伤 於—于 見—见

第十五课　牆-墙　開-开　門-门　書-书　齋-斋　後-后

第十六课　灑-洒　掃-扫　汙-污　穢-秽　積-积　時-时　則-则　塵-尘　揚-扬

第十七课　職-职　業-业　貓-猫　門-门　無-无

第十八课　龜-龟　與-与　競-竞　遲-迟　則-则

第十九课　衛-卫　灑-洒　掃-扫　塵-尘　開-开　氣-气

第二十课　衛-卫　飯-饭　後-后　則-则　遊-游　時-时

第二十一课　禮-礼　飲-饮　舉-举　則-则　於-于

第二十二课　禮-礼　讓-让　歲-岁　與-与　諸-诸　獨-独　擇-择　問-问　兒-儿　當-当

第二十三课　圖-图　張-张　閱-阅　約-约　還-还

第二十四课　報-报　孫-孙　趙-赵　讀-读　書-书　贈-赠　紙-纸　筆-笔

第二十五课　華-华　見-见　遺-遗　邊-边　還-还

第二十六课　問-问　讀-读　書-书　義-义　問-问　師-师

第二十七课　專-专　課-课　讀-读　視-视

第二十八课　灑-洒　掃-扫

第二十九课　禮-礼　須-须　與-与　長-长　隨-随　時-时　後-后　於-于　趨-趋

第三十课　禮-礼　時-时　斂-敛　從-从　舉-举　亂-乱　撥-拨　聲-声

第三十一课　鳥-鸟　賴-赖　豐-丰　滿-满　覓-觅

第三十二课 兒—儿 價—价 將—将 壞—坏 減—减 購—购

第三十三课 誼—谊 張—张 陳—陈 與—与 為—为 問—问

第三十四课 許—许 嘗—尝 爭—争 語—语

第三十五课 攜—携 兒—儿 遊—游 園—园 愛—爱 護—护

第三十六课 學—学 場—场 遊—游 戲—戏 齡—龄 級—级 親—亲 愛—爱 無—无 與—与

第三十七课 書—书 學—学 買—买 紙—纸 損—损 為—为

第三十八课 過—过 長—长 則—则

第三十九课 兒—儿 書—书 帶—带 張—张 為—为 還—还 課—课 時—时

第四十课 嘗—尝 動—动 氣—气 責—责 學—学 須—须 見—见 許—许 盡—尽 處—处

第四十一课 寬—宽 韓—韩 愛—爱 設—设 陳—陈 誤—误 觸—触 驚—惊 請—请 動—动

第四十二课 紅—红 將—将 麥—麦 羣—群 紛—纷 場—场 覓—觅 餘—余 數—数 聞—闻 聲—声

第四十三课 貪—贪 兒—儿 滿—满 則—则

第四十四课 傘—伞 學—学 氣—气 飯—饭 時—时 趙—赵 謂—谓 與—与 為—为 鄰—邻 張—张

第四十五课 傘—伞 數—数 趙—赵 學—学 帶—带 時—时 謂—谓 與—与 張—张

第四十六课 體—体 兒—儿 問—问 遲—迟 飲—饮 貪—贪 無—无

第四十七课 讀-读 書-书 兒-儿 謂-谓 識-识 無-无 卽-即 則-则 變-变 漸-渐

第四十八课 與-与 門-门 溝-沟 見-见 謂-谓 將-将 產-产 蟲-虫 變-变 為-为 當-当

第四十九课 張-张 兒-儿 將-将 語-语

第五十课 師-师 談-谈 話-话 會-会 課-课 後-后 開-开 動-动 願-愿 學-学 麗-丽 鶯-莺 樂-乐 語-语

第五十一课 師-师 談-谈 話-话 會-会 後-后 願-愿 學-学 鶯-莺 復-复 時-时

第五十二课 鈕-钮 兒-儿 訪-访 適-适 請-请 問-问 則-则 謹-谨 門-门 歸-归 於-于

第五十三课 寢-寝 時-时 間-间 為-为 則-则 終-终

第五十四课 時-时 與-与 羣-群 兒-儿 擊-击 毬-球 躍-跃 樹-树 謀-谋

第五十五课 張-张 鄰-邻 樹-树 墜-坠 園-园 羣-群 兒-儿 獨-独 問-问 與-与 還-还

第五十六课 無-无 鴿-鸽 書-书 筆-笔 紙-纸 諸-诸 達-达 則-则

第五十七课 時-时 達-达 攜-携 紙-纸 筆-笔 隨-随 陳-陈 輒-辄 記-记 錄-录 見-见 積-积

第五十八课 書-书 筆-笔 硯-砚 於-于 當-当 讀-读 隨-随 時-时 從-从 亂-乱 畢-毕 復-复

第五十九课 處-处 職-职 業-业 讀-读 書-书 時-时 則-则 歡-欢 敘-叙 誠-诚
樂-乐

第六十课 節-节 儉-俭 財-财 無-无 時-时 餘-余 備-备 隨-随 盡-尽 貧-贫
窮-穷 語-语 難-难

第六十一课 運-运 動-动 華-华 謂-谓 吳-吴 體-体 勞-劳 則-则 脈-脉 樞-枢
蠹-蠹 從-从 強-强 餘-余

第六十二课 陳-陈 與-与 會-会 舉-举 語-语 問-问 並-并 孫-孙 歲-岁

第六十三课 貪-贪 貯-贮 羣-群 蠅-蝇 為-为 膠-胶 見-见 飛-飞

第六十四课 讓-让 馮-冯 異-异 諸-诸 將-将 戰-战 還-还 論-论 賞-赏 爭-争
樹-树 無-无 時-时 稱-称 為-为 軍-军

第六十五课 國-国 總-总 統-统 嘗-尝 為-为 經-经 婦-妇 購-购 給-给 價-价
帳-帐 銀-银 還-还 趨-趋 數-数

第六十六课 謀-谋 計-计 職-职 業-业 圖-图 擁-拥 資-资 盜-盗 賊-贼 虞-虞
貸-贷 無-无 聽-听 隨-随 時-时 擇-择 凍-冻 餒-馁 憂-忧

第六十七课 見-见 過-过 難-难 責-责 規-规 飭-饬 惡-恶 於-于

第六十八课 鄰-邻 會-会 緩-缓 於-于 則-则 親-亲 處-处

第六十九课 獨-独 學-学 無-无 則-则 聞-闻 損-损 諒-谅

第七十课 誼-谊 與-与 過-过 規-规 緩-缓 濟-济 盡-尽 論-论 則-则 饋-馈
雖-虽 車-车 馬-马 當-当

第七十一课 與-与 諸-诸 為-为 嘗-尝 設-设 遠-远 風-风 語-语 畢-毕 驚-惊

第七十二课 劉-刘 誠-诚 慤-悫 鄰-邻 銀-银 約-约 餘-余 擲-掷 過-过 牆-墙
為-为 災-灾 還-还 驚-惊 願-愿

第七十三课 擇-择 見-见 絲-丝 歎-叹 於-于 蒼-苍 則-则 變-变 獨-独 為-为
榮-荣 視-视

第七十四课 鄰-邻 趙-赵 龍-龙 講-讲 學-学 從-从 遊-游 鉅-巨 葉-叶 夢-梦
慶-庆 禮-礼 師-师 門-门 鄰-邻 驚-惊 擾-扰 雖-虽 從-从 無-无
於-于

第七十五课 隱-隐 惡-恶 談-谈 聞-闻 議-议 嘗-尝 應-应 畢-毕 與-与 眾-众
傳-传 實-实 爾-尔 說-说 諸-诸 稱-称

第七十六课 羣-群 將-将 單-单 眾-众 則-则 難-难 後-后 國-国

第七十七课 愛-爱 謂-谓 無-无 數-数 國-国 稱-称 為-为 當-当 與-与

第七十八课 則-则 輕-轻 驕-骄 謂-谓 語-语 學-学 職-职 業-业 為-为 於-于
應-应 檢-检 厭-厌

第七十九课 過-过 舉-举 歲-岁 頗-颇 棄-弃 從-从 諫-谏 辭-辞 遠-远 遊-游
當-当 學-学 問-问 勵-励 圍-围 豈-岂 悵-怅 慚-惭 許-许 書-书
讀-读 聞-闻 見-见 優-优 於-于

第八十课 恆-恒 學-学 厭-厌 難-难 輟-辍 無-无 來-来 過-过 趨-趋 艱-艰
嘗-尝 縮-缩 於-于 觀-观 為-为 雖-虽 瀝-沥 階-阶

第八十一课 謙-谦 學-学 問-问 業-业 無-无 滿-满 獨-独 淺-浅 絕-绝 蓋-盖
為-为 則-则 進-进 驕-骄 諫-谏 飾-饰 願-愿 諸-诸 溝-沟 瀆-渎

第八十二课 於-于 則-则 違-违 過-过 譽-誉 無-无 憚-惮 誠-诚 謙-谦

第八十三课 煙-烟 質-质 傷-伤 腦-脑 礙-碍 體-体 發-发 養-养 類-类 鴉-鸦
為-为 與-与 紙-纸 強-强 則-则

第八十四课 飲-饮 為-为 樂-乐 過-过 輒-辄 療-疗 蓋-盖 傷-伤 腦-脑 後-后
動-动 縱-纵 敗-败 於-于

第八十五课 報-报 陰-阴 韓-韩 貧-贫 無-无 為-为 釣-钓 於-于 飯-饭 數-数
謂-谓 孫-孙 進-进 豈-岂 後-后 從-从 漢-汉 業-业

第八十六课 時-时 動-动 漸-渐 見-见 豈-岂 聞-闻 則-则 撫-抚 見-见 誤-误
憫-悯 調-调 護-护 長-长 責-责

第八十七课 國-国 類-类 齊-齐 舉-举 動-动 違-违 損-损 箇-个 權-权 擾-扰
眾-众 則-则 懲-惩 業-业 強-强 義-义 務-务

第八十八课 納-纳 國-国 護-护 樂-乐 業-业 對-对 於-于 義-义 務-务 設-设
職-职 為-为 養-养 備-备 禦-御 費-费 視-视 輸-输 後-后 無-无
舉-举

第八十九课 愛-爱 類-类 婦-妇 於-于 眾-众 較-较 遠-远 為-为 則-则 視-视
飽-饱 煖-暖 當-当 飢-饥 樂-乐 阨-厄 時-时 謂-谓

第九十课 愛-爱 國-国 處-处 為-为 竈-灶 棟-栋 則-则 託-托 於-于 猶-犹
託-托 無-无 當-当 學-学 職-职 業-业 後-后

第九十一课 寶-宝 時-时 財-财 於-于 則-则 廢-废 費-费 勝-胜 煙-烟 為-为
傷-伤 亂-乱 蕩-荡 產-产 黨-党 懸-悬 厲-厉

第九十二课 誠-诚 實-实 華-华 頓-顿 時-时 斷-断 樹-树 歸-归 見-见 愛-爱
雖-虽 觸-触 為-为 實-实 語-语 兒-儿 為-为

第九十三课 謙-谦 讓-让 華-华 頓-顿 戰-战 擊-击 敗-败 國-国 獨-独 偉-伟
會-会 議-议 蒞-莅 長-长 見-见 贊-赞 熱-热 發-发 勝-胜 語-语

第九十四课 魯-鲁 濱-滨 孫-孙 國-国 時-时 遊-游 曆-历 難-难 飄-飘 島-岛
無-无 獨-独 飲-饮 謀-谋 備-备 無-无 歸-归

第九十五课

陳—陈　堯—尧　為—为　廣—广　轉—转　運—运　時—时　嶺—岭　風—风　禱—祷
藥—药　習—习　驗—验　氣—气　為—为　樹—树　鑿—凿　飲—饮　來—来

第九十六课

來—来　兒—儿　時—时　貧—贫　問—问　與—与　過—过　場—场　見—见　傷—伤
憐—怜　醫—医　創—创　綳—绷　帶—带　親—亲　為—为　經—经　數—数

第九十七课

愛—爱　歲—岁　時—时　與—与　戰—战　於—于　亞—亚　當—当　氣—气　傷—伤
遠—远　國—国　醫—医　護—护　婦—妇　聞—闻　趨—趋　盡—尽　積—积　勞—劳
猶—犹　歸—归　職—职　後—后　創—创　設—设　紅—红　會—会　於—于　業—业
廣—广

第九十八课

國—国　發—发　達—达　試—试　遊—游　歐—欧　經—经　見—见　側—侧　無—无
傾—倾　瀉—泻　穢—秽　車—车　時—时　爭—争　後—后　進—进　觀—观　陳—陈
設—设　觸—触　動—动　園—园　雖—虽　兒—儿　嘗—尝　誠—诚　當—当

第九十九课

國—国　設—设　規—规　當—当　無—无　則—则　強—强　眾—众　將—将　蓋—盖
為—为　約—约　護—护　寧—宁

第一百课

納—纳　國—国　為—为　謀—谋　樂—乐　費—费　應—应　給—给　於—于　義—义
務—务　踴—踊　躍—跃　財—财　畢—毕　舉—举　勢—势　進—进　強—强　額—额

图书在版编目(CIP)数据

民国教材修身精粹 / 杨志渭主编. -- 重庆 : 西南师范大学出版社, 2016.8
（悦读树人）
ISBN 978-7-5621-8211-5

Ⅰ. ①民… Ⅱ. ①杨… Ⅲ. ①品德教育 - 小学 - 课外读物 Ⅳ. ①G624.153

中国版本图书馆CIP数据核字(2016)第208326号

民国教材修身精粹

主　　编：杨志渭
副 主 编：朱其英　官海鸥
编　　委：官海鸥　余晓娟　李凌

责任编辑：刘江华　张旭
装帧设计：闰江文化
排　　版：重庆大雅数码印刷有限公司·文明清
出版发行：西南师范大学出版社
　　地址：重庆市北碚区
　　网址：http://www.xscbs.com
印 刷 者：重庆荟文印务有限公司
开　　本：787mm×1092mm 1/16
印　　张：7.5
字　　数：130千字
版　　次：2016年8月 第1版
印　　次：2016年8月 第1次印刷
书　　号：ISBN 978-7-5621-8211-5
定　　价：19.80元